作者簡介｜
何顯思（Teresa Robertson）

出生於香港，成長於加拿大，與科學家丈夫住在美國印第安納州的南方，在自家的小農莊裡從事創作。是童書愛好者組織「我們需要不一樣的書」（We Need Diverse Books）導師計畫（mentorship program）非小說類的得主，提倡增進科學和文化的素養。更多訊息請見網站 eresaroberson.com 和推特@TeresRoberson帳號

繪者簡介｜
黃泯瑄（Rebecca Huang）

臺灣繪者，從舊金山的藝術大學（Academy of Art University）獲得藝術學碩士學位，目前住在美國舊金山灣區。著有繪本《波波和新來的寶寶》（Bobo and the New Baby），文字和圖像都是自己創作。更多訊息請至網站 rebeccamhuang.com

對於那些幫助撰寫這本書的人：珍・倫（Jane Yolen）給予出色的指導，
克莉絲汀娜・普拉斯（Chirstina Pulles）賦予了我遠見，馬塔斯查・莫里斯（Matascha Morris）相信我，
寫作團體裡的人和留言者給了我不同的建議、鼓勵和溫暖，我的家人給予了所有其他幫助。
—— 何顯思 *Teresa Robertson*

◯◯ 知識繪本館

女力科學家1　物理天后

推翻宇宙定律的吳健雄

作者｜何顯思（Teresa Robertson）
繪者｜黃泯瑄（Rebecca Huang）　譯者｜徐仕美
責任編輯｜張玉蓉　美術設計｜陳宛昀　行銷企劃｜劉盈萱

天下雜誌群創辦人｜殷允芃　董事長兼執行長｜何琦瑜
媒體暨產品事業群
總經理｜游玉雪　副總經理｜林彥傑　總編輯｜林欣靜
行銷總監｜林育菁　版權主任｜何晨瑋、黃微真
出版者｜親子天下股份有限公司　地址｜104臺北市建國北路一段96號4樓
電話｜（02）2509-2800　傳真｜（02）2509-2462　網址｜www.parenting.com.tw
讀者服務專線｜（02）2662-0332　週一～週五：09:00-17:30
傳真｜（02）2662-6048　客服信箱｜parenting@cw.com.tw
法律顧問｜台英國際商務法律事務所・羅明通律師
製版印刷｜中原造像股份有限公司
總經銷｜大和圖書有限公司　電話｜（02）8990-2588

出版日期｜2021年3月第一版第一次印行
　　　　　2024年1月第一版第三次印行

定價｜320元　書號｜BKKKC169P　ISBN｜978-957-503-845-8（精裝）

訂購服務
親子天下Shopping｜shopping.parenting.com.tw
海外・大量訂購｜parenting@cw.com.tw
書香花園｜臺北市建國北路二段6巷11號　電話（02）2506-1635
劃撥帳號｜50331356　親子天下股份有限公司

國家圖書館出版品預行編目資料

女力科學家. 1：物理天后：推翻宇宙定律的吳健雄/何顯思(Teresa Robertson)文；黃泯瑄(Rebecca Huang)圖；徐仕美譯. -- 第一版. -- 臺北市：親子天下股份有限公司, 2021.03
48面；21.6x27.6公分. -- (知識繪本館)
注音版
譯自：Queen of physics : how Wu Chien Shiung helped unlock the secrets of the atom
ISBN 978-957-503-845-8(精裝)

1.吳健雄 2.傳記 3.物理學 4.通俗作品

785.28　　　　　　　　　110000626

立即購買 ＞

女力科學家

物理天后
推翻宇宙定律的
吳健雄

文／何顥思
圖／黃泯瑄
譯／徐仕美

在ㄗㄞˋ中ㄓㄨㄥ國ㄍㄨㄛˊ的ㄉㄜ˙瀏ㄌㄧㄡˊ河ㄏㄜˊ鎮ㄓㄣˋ，
吳ㄨˊ家ㄐㄧㄚ正ㄓㄥˋ在ㄗㄞˋ慶ㄑㄧㄥˋ祝ㄓㄨˋ新ㄒㄧㄣ生ㄕㄥ兒ㄦˊ的ㄉㄜ˙到ㄉㄠˋ來ㄌㄞˊ。

這個小娃娃是女孩。

女孩！

她以後會變成
什麼樣子？

那個時候，

大多數人不送女孩去上學，
認為女孩沒有男孩聰明，
當然更不鼓勵女孩成為科學家。

但是，吳媽媽和吳爸爸卻不這麼想。
他們覺得，女孩應該到學校讀書，
可以成為她們想要的任何樣子。

他們相信，女兒將會聰明又勇敢，
甚至能改變世界。

爸爸按照家族的命名規則，替她取名為健雄，
意思是「強健的英雄」。

就在吳健雄來到這個世界後沒有多久，
爸爸放棄工程師的工作，
創辦了一所只給女孩念的學校。

媽媽挨家挨戶拜訪瀏河的人家，走到鞋子都磨破了，
她極力勸導鎮民讓家中的女兒接受教育。

所以當健雄準備好要上學時，
有一所學校已經在等著她。

爸爸是校長，媽媽是老師，
教一群小女孩閱讀、寫字，
還有算術。

爸爸和媽媽做的事情也很勇敢，為女兒樹立榜樣。

在ㄗㄞˋ爸ㄅㄚˋ爸ㄅㄚˋ和ㄏㄜˊ媽ㄇㄚ媽ㄇㄚ辦ㄅㄢˋ的ㄉㄜ˙學ㄒㄩㄝˊ校ㄒㄧㄠˋ，
健ㄐㄧㄢˋ雄ㄒㄩㄥˊ很ㄏㄣˇ快ㄎㄨㄞˋ學ㄒㄩㄝˊ會ㄏㄨㄟˋ了ㄌㄜ˙一ㄧˋ切ㄑㄧㄝˋ東ㄉㄨㄥ西ㄒㄧ。
她ㄊㄚ知ㄓ道ㄉㄠˋ如ㄖㄨˊ何ㄏㄜˊ數ㄕㄨˇ數ㄕㄨˋ字ㄗˋ，
以ㄧˇ及ㄐㄧˊ加ㄐㄧㄚ、減ㄐㄧㄢˇ、乘ㄔㄥˊ、除ㄔㄨˊ。
她ㄊㄚ知ㄓ道ㄉㄠˋ怎ㄗㄣˇ麼ㄇㄜ˙讀ㄉㄨˊ和ㄏㄜˊ寫ㄒㄧㄝˇ幾ㄐㄧˇ百ㄅㄞˇ個ㄍㄜˋ漢ㄏㄢˋ字ㄗˋ，
那ㄋㄚˋ些ㄒㄧㄝ字ㄗˋ有ㄧㄡˇ著ㄓㄜ˙氣ㄑㄧˋ勢ㄕˋ十ㄕˊ足ㄗㄨˊ的ㄉㄜ˙頓ㄉㄨㄣˋ點ㄉㄧㄢˇ、
曲ㄑㄩ折ㄓㄜˊ的ㄉㄜ˙線ㄒㄧㄢˋ條ㄊㄧㄠˊ，
還ㄏㄞˊ有ㄧㄡˇ越ㄩㄝˋ來ㄌㄞˊ越ㄩㄝˋ細ㄒㄧˋ的ㄉㄜ˙尾ㄨㄟˇ巴ㄅㄚ。

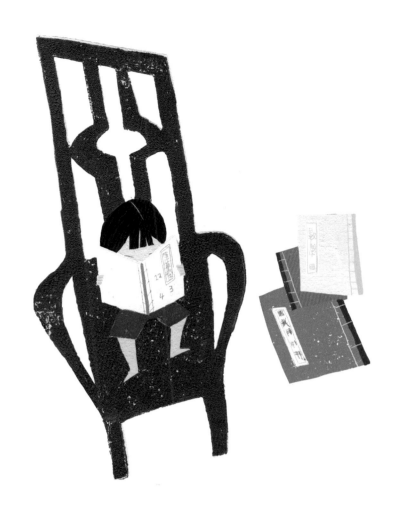

健雄準備好要知道更多了！

但_{ㄉㄢˋ}是_{ㄕˋ}，在_{ㄗㄞˋ}1920年_{ㄋㄧㄢˊ}代_{ㄉㄞˋ}的_{ㄉㄜ˙}時_{ㄕˊ}候_{ㄏㄡˋ}，
離_{ㄌㄧˊ}家_{ㄐㄧㄚ}最_{ㄗㄨㄟˋ}近_{ㄐㄧㄣˋ}的_{ㄉㄜ˙}女_{ㄋㄩˇ}子_{ㄗˇ}中_{ㄓㄨㄥ}學_{ㄒㄩㄝˊ}在_{ㄗㄞˋ}蘇_{ㄙㄨ}州_{ㄓㄡ}，
大_{ㄉㄚˋ}約_{ㄩㄝ}要_{ㄧㄠˋ}經_{ㄐㄧㄥ}過_{ㄍㄨㄛˋ}八_{ㄅㄚ}十_{ㄕˊ}公_{ㄍㄨㄥ}里_{ㄌㄧˇ}的_{ㄉㄜ˙}
鄉_{ㄒㄧㄤ}間_{ㄐㄧㄢ}道_{ㄉㄠˋ}路_{ㄌㄨˋ}才_{ㄘㄞˊ}到_{ㄉㄠˋ}得_{ㄉㄜˊ}了_{ㄌㄜ˙}，
途_{ㄊㄨˊ}中_{ㄓㄨㄥ}道_{ㄉㄠˋ}路_{ㄌㄨˋ}還_{ㄏㄞˊ}崎_{ㄑㄧˊ}嶇_{ㄑㄩ}不_{ㄅㄨˋ}平_{ㄆㄧㄥˊ}、塵_{ㄔㄣˊ}土_{ㄊㄨˇ}飛_{ㄈㄟ}揚_{ㄧㄤˊ}。
她_{ㄊㄚ}只_{ㄓˇ}好_{ㄏㄠˇ}離_{ㄌㄧˊ}開_{ㄎㄞ}家_{ㄐㄧㄚ}人_{ㄖㄣˊ}，住_{ㄓㄨˋ}在_{ㄗㄞˋ}那_{ㄋㄚˋ}裡_{ㄌㄧˇ}，
只_{ㄓˇ}有_{ㄧㄡˇ}寒_{ㄏㄢˊ}假_{ㄐㄧㄚˋ}和_{ㄏㄢˊ}暑_{ㄕㄨˇ}假_{ㄐㄧㄚˋ}的_{ㄉㄜ˙}時_{ㄕˊ}候_{ㄏㄡˋ}才_{ㄘㄞˊ}回_{ㄏㄨㄟˊ}家_{ㄐㄧㄚ}。

媽媽傷心，
爸爸擔心。
可是他們知道，
女兒必須勇闖世界
才能成長。

健雄也知道，
於是她出發了。

學校提供兩種學程：
師資訓練班與普通班。
健雄選擇不用學費的師資訓練班，
不過，她偷看了普通班的課本，
發現裡面多了好多內容。

科學不是單一的學問，

裡面包含了生物，

加上化學，

以及物理，

這些全都由美妙的數學語言串連在一起。

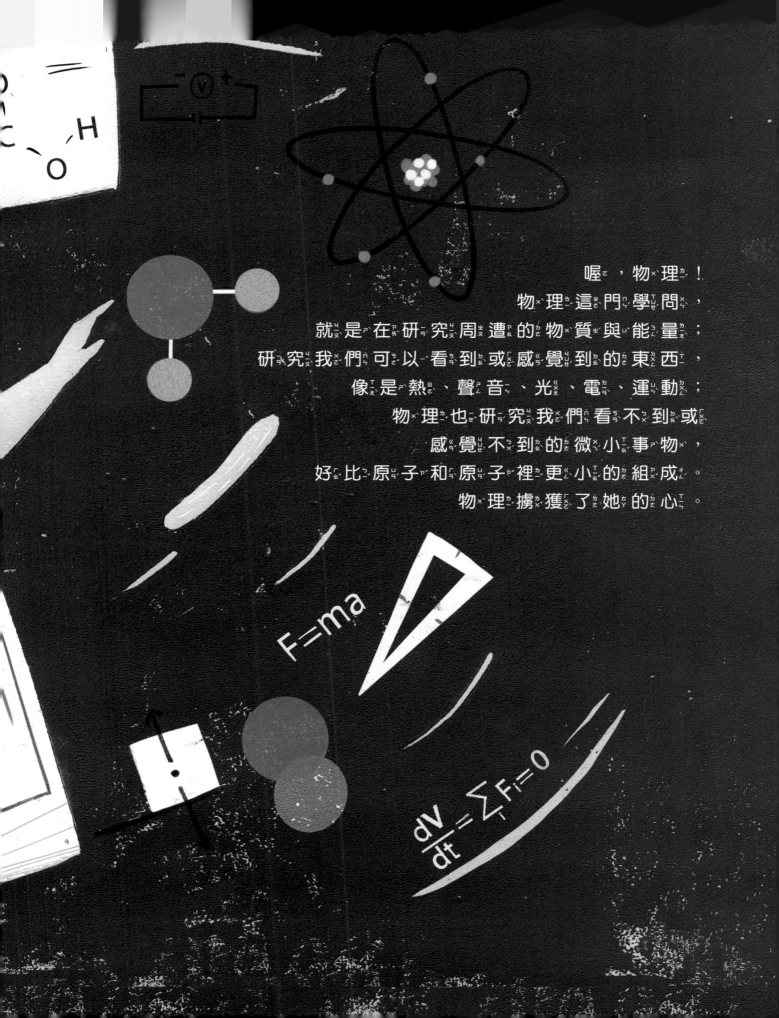

喔ㄛ，物ㄨˋ理ㄌㄧˇ！
物ㄨˋ理ㄌㄧˇ這ㄓㄜˋ門ㄇㄣˊ學ㄒㄩㄝˊ問ㄨㄣˋ，
就ㄐㄧㄡˋ是ㄕˋ在ㄗㄞˋ研ㄧㄢˊ究ㄐㄧㄡˋ周ㄓㄡ遭ㄗㄠ的ㄉㄜ˙物ㄨˋ質ㄓˋ與ㄩˇ能ㄋㄥˊ量ㄌㄧㄤˋ；
研ㄧㄢˊ究ㄐㄧㄡˋ我ㄨㄛˇ們ㄇㄣ˙可ㄎㄜˇ以ㄧˇ看ㄎㄢˋ到ㄉㄠˋ或ㄏㄨㄛˋ感ㄍㄢˇ覺ㄐㄩㄝˊ到ㄉㄠˋ的ㄉㄜ˙東ㄉㄨㄥ西ㄒㄧ，
像ㄒㄧㄤˋ是ㄕˋ熱ㄖㄜˋ、聲ㄕㄥ音ㄧㄣ、光ㄍㄨㄤ、電ㄉㄧㄢˋ、運ㄩㄣˋ動ㄉㄨㄥˋ；
物ㄨˋ理ㄌㄧˇ也ㄧㄝˇ研ㄧㄢˊ究ㄐㄧㄡˋ我ㄨㄛˇ們ㄇㄣ˙看ㄎㄢˋ不ㄅㄨˋ到ㄉㄠˋ或ㄏㄨㄛˋ
感ㄍㄢˇ覺ㄐㄩㄝˊ不ㄅㄨˋ到ㄉㄠˋ的ㄉㄜ˙微ㄨㄟˊ小ㄒㄧㄠˇ事ㄕˋ物ㄨˋ，
好ㄏㄠˇ比ㄅㄧˇ原ㄩㄢˊ子ㄗ˙和ㄏㄢˋ原ㄩㄢˊ子ㄗˇ裡ㄌㄧˇ更ㄍㄥˋ小ㄒㄧㄠˇ的ㄉㄜ˙組ㄗㄨˇ成ㄔㄥˊ。
物ㄨˋ理ㄌㄧˇ擄ㄌㄨˇ獲ㄏㄨㄛˋ了ㄌㄜ˙她ㄊㄚ的ㄉㄜ˙心ㄒㄧㄣ。

$F=ma$

$$\frac{dV}{dt} = \sum F_i = 0$$

白天，健雄上自己班上的課，
晚上則研讀向朋友借來的普通班課本。
她說這叫做「自修」，
自修變成她後來一輩子的習慣。

同學注意到，健雄十分用功，而且不畏懼挑戰。她們推舉她當「地下組織」的領袖，要向政府抗爭。當時的人民不許說自己想說的話。如果他們支持不對的人，說了不對的話，或者剛好在不對的時間出現在不對的地方，就可能被政府、軍閥或當地有錢有勢的外國人懲罰，甚至處死。

這些學生想找人帶領，於是要求健雄出頭。

她會怎麼做？她能怎麼做？

既然爸爸為她取名為「健雄」，
她就不能辜負這個名字。

健雄的日子忙著上學、
寫作業、祕密自修，
還有帶領同學罷課和示威，
幾乎沒有時間想家。

時光就這樣飛逝了……

建雄已經十七歲，以優異的成績從中學畢業。
要是選擇回家的話，一切都很輕鬆自在，
但她選擇了一條比較困難的路——前往南京讀大學，
比起自己曾經去過最遙遠的地方，
離家有三倍遠的南京更是遙遠了。
她進入中央大學，一開始是念數學系，
一年之後，終於投入自己
最喜愛的學科——物理。

堅持抗日

保衛中華

吳×健ㄐㄧㄢˋ雄ㄒㄩㄥˊ因ㄧㄣ為ㄨㄟˋ書ㄕㄨ讀ㄉㄨˊ得ㄉㄜ˙好ㄏㄠˇ、意ㄧˋ志ㄓˋ又ㄧㄡˋ堅ㄐㄧㄢ定ㄉㄧㄥˋ，
再ㄗㄞˋ度ㄉㄨˋ成ㄔㄥˊ為ㄨㄟˊ學ㄒㄩㄝˊ生ㄕㄥ的ㄉㄜ˙領ㄌㄧㄥˇ袖ㄒㄧㄡˋ。
她ㄊㄚ帶ㄉㄞˋ領ㄌㄧㄥˇ示ㄕˋ威ㄨㄟ隊ㄉㄨㄟˋ伍ㄨˇ到ㄉㄠˋ委ㄨㄟˇ員ㄩㄢˊ長ㄓㄤˇ蔣ㄐㄧㄤˇ介ㄐㄧㄝˋ石ㄕˊ的ㄉㄜ˙辦ㄅㄢˋ公ㄍㄨㄥ廳ㄊㄧㄥ，
和ㄏㄜˊ同ㄊㄨㄥˊ學ㄒㄩㄝˊ一ㄧˋ起ㄑㄧˇ呼ㄏㄨ籲ㄩˋ政ㄓㄥˋ府ㄈㄨˇ對ㄉㄨㄟˋ抗ㄎㄤˋ日ㄖˋ本ㄅㄣˇ的ㄉㄜ˙入ㄖㄨˋ侵ㄑㄧㄣ。
這ㄓㄜˋ時ㄕˊ，第ㄉㄧˋ二ㄦˋ次ㄘˋ世ㄕˋ界ㄐㄧㄝˋ大ㄉㄚˋ戰ㄓㄢˋ已ㄧˇ經ㄐㄧㄥ近ㄐㄧㄣˋ了ㄌㄜ˙。

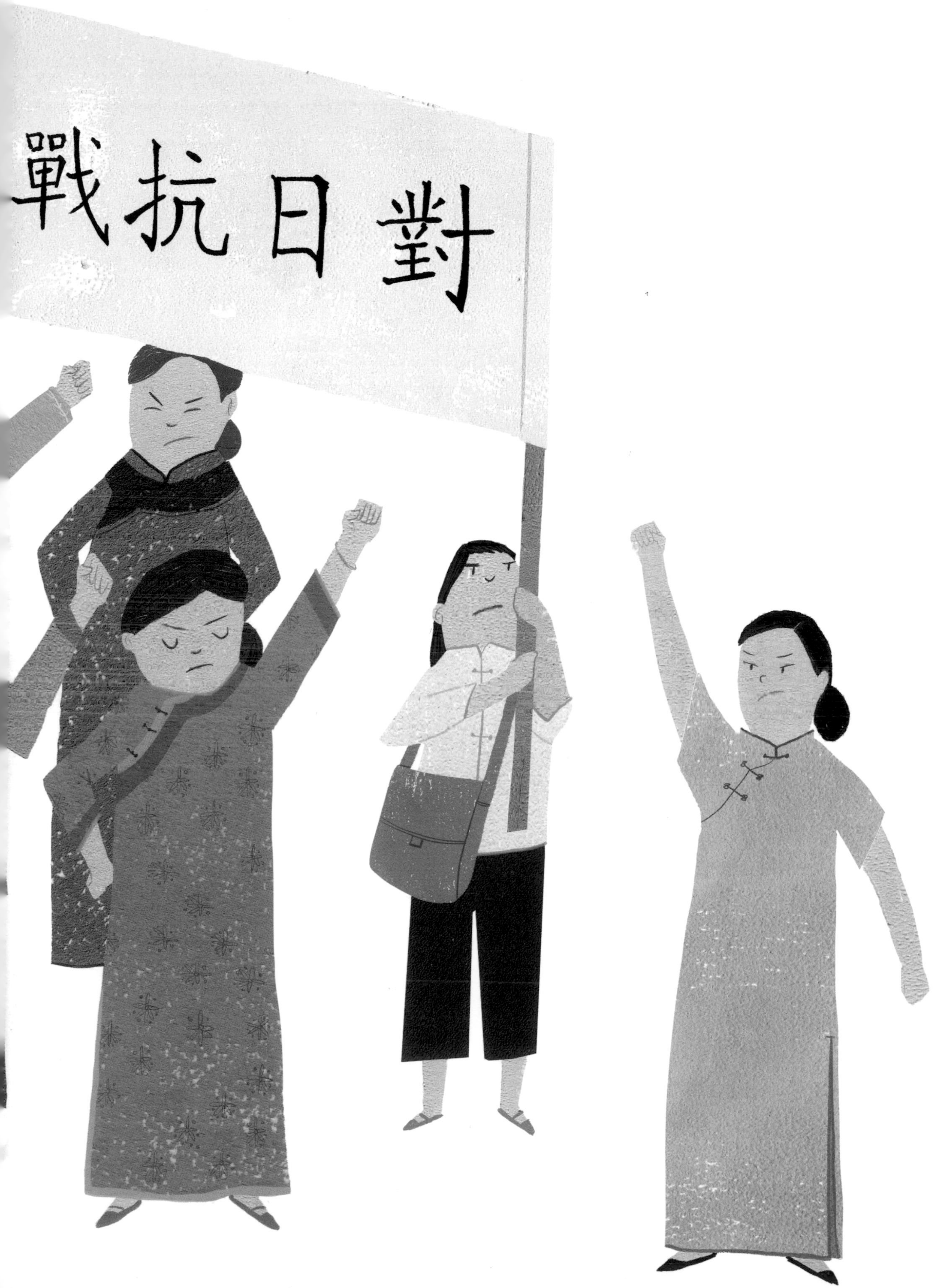
戰抗日對

如同種子要傳播到遠方才能蓬勃茁壯，
健雄在1936年又再一次啟程。
她飄洋過海，橫越一萬公里，
落腳在美國加州大學柏克萊分校。
她將繼續研究原子物理學。

當時的科學家雖然已經知道原子，
但仍了解得不夠完全。
如果能進一步了解原子如何分裂，
就能運用到新發明和科技上，
甚至也許能幫助醫師治療病人。

她專注於研究 β 衰變，在這個過程中，
原子核其中一個中子，會轉變成質子，
加上一個電子與微中子；
或是原子核其中一個質子，會轉變成中子，
加上一個正電子與微中子。

這就像拆開一包禮物，
發現裡面竟然有三樣禮品。

健雄離開加州之後，輾轉來到紐約的哥倫比亞大學，繼續探索 β 衰變。

她小心謹慎。

她力求精確。

她進行了一個又一個實驗，直到比任何人都更了解 β 衰變。
她逐漸累積起名聲，其他物理學家遇到無法解決的問題時，都會來找她幫忙。

科學家恩里科・費米（Enrico Fermi）認為，在 β 衰變的過程中，從中子迸出來的電子，應該有更快的速度才對。不過，他無法證明，沒有任何人可以證明。

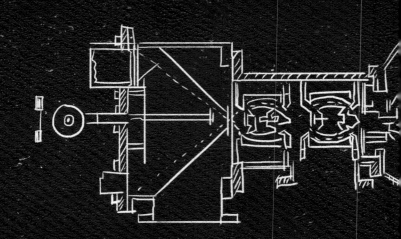

但是，健雄可以！

因為她相當了解 β 衰變，
所以知道要從何處著手尋找。
由於她是非常細心的研究者，
能夠進行極為困難的實驗
來證明費米是正確的。

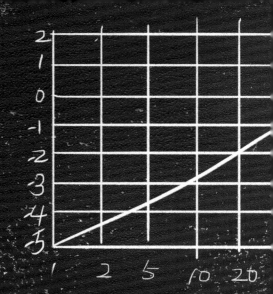

Beta Decay

- Copper   - classic Beta
- ^{64}CU

$\int a = -\int \frac{A}{mpc}$

Then $B = \frac{i\int p}{mpc \int r}$

$H_0 = \frac{p^2}{2mp}$

$\int p = \frac{imp}{h} \int [t_1 t_2] = \frac{-imp}{h} (t_1$

許多人認為，
這項成就應該能讓
健雄贏得諾貝爾獎，
但是她沒有得獎。

很多科學家相信自然界不分左右，這種對稱的概念稱為「宇稱性」。

有兩位物理學家，楊振寧和李政道卻提出質疑，於是他們邀請健雄一起探討。

因為健雄曾經研究 β 衰變的宇稱性，她知道該怎麼做。為了專心投注在這項計畫，她甚至取消回到亞洲的旅程，這是她離開家鄉、遠赴美國之後，第一次有這麼難得、也許能見到雙親的機會。

她的勤奮努力有了回報，
結果證實他們兩人是對的！

因為這項實驗，
楊振寧和李政道獲得諾貝爾獎，
但是健雄沒有。

另外有兩位物理學家，
理查德・費曼（Richard Feynman）和默里・蓋爾曼（Murray Gell-Mann），
請她檢驗他們關於 β 衰變特殊公式的假說。
健雄採取一貫縝密周全的方式主導實驗，
成功證實他們的構想是對的。

這項重大發現得到許多科學家的讚賞。
不過，她仍然沒有得到諾貝爾獎，
這是第三次了。

有時候，健雄得不到她夢想的工作，
因為她是女生，
因為她是亞洲人。

她會難過嗎？ 會的。
她感到失望嗎？ 時常。
她覺得氣餒嗎？ 偶爾。

但是她沒有讓這些感受成為
阻礙，而放棄做自己喜愛的
事情，因為爸爸總是說：
「不要害怕困難，只要埋首
努力，繼續往前走。」

其實她只有一道無法克服的難關。

中國因為第二次世界大戰，
政局從此動盪不安，
加上健雄全神貫注於研究工作，
導致她無法在父母過世前回去看他們。

爸爸過世時，她不能奔喪，
她寫信告訴朋友，
說自己「肝腸寸斷」……

儘管如此，健雄在美國的新家園，
繼續勇敢走自己的路。
她為了打破人們對婦女和亞洲人的偏見而奮鬥，
並且成為一位傑出的物理學家，
《史密森尼雜誌》叫她「物理學第一夫人」，
《新聞週刊》稱她是「物理女王」。

這個故事是關於一位來自中國偏遠小鎮的女孩如何努力求學，證明自己跟男生一樣聰明，接著成為科學家，最後甚至變成女王般的傳奇人物！

物理學第一夫人

吳健雄的故事

1912年5月31日，吳健雄出生於中國上海附近的瀏河小鎮，在一個幸福的家庭中成長，有爸爸、媽媽和三位兄弟的陪伴。她的父母與當時許多家長不同，他們相信女孩和男孩是平等的，女孩應該和男孩一樣接受教育。他們鼓勵她奮發向上，即使社會存在著對婦女的偏見。當她在美國遇到針對少數族群的相似偏見時，這種奮鬥不懈的精神同樣支持著她。吳爸爸和吳媽媽相信，並教導她要相信，她能夠做到自己想做的任何事情。她長大之後，也鼓勵其他女孩成為科學家。

吳健雄，也就是學生口中的吳女士（Madame Wu），有許多驚人的成就。除了完成證明 β 衰變和宇稱不守恆的實驗，她還是：

- 第一位普林斯頓大學聘為講師的女性

- 第一位獲得普林斯頓大學榮譽博士學位的女性

- 在1975年獲選為美國物理學會會長，是該學會的第一位女會長

- 第一位生前就有小行星以個人名字命名的科學家

- 1978年開始頒發沃爾夫獎，她是第一位獲得沃爾夫物理學獎的科學家，
  也是至今唯一一獲獎的女性和華裔科學家。

她不僅是第一位做到這些事情的女生，還是第一位獲得這些榮譽的華人女性。難怪《新聞週刊》稱她為「物理女王」（1963年5月20日，第61期，第20頁）。

1997年2月16日，吳健雄在紐約與世長辭。

名詞解釋

物理學（physics）是研究物質與能量的科學；英文的physics源自希臘文的physika，意思是「自然事物」。舉例來說，這個科學在探究與嘗試解答：物質究竟是什麼？物質為什麼會這樣運動？能量是如何創造出來的？我們可以控制能量嗎？物質與能量的關係如何？還有它們是怎樣一起運作的？

原子（atom）：你周遭的所有東西，包括你、你家房子、地球、太陽，都是由原子組成的。原子是元素（例如氫和碳）仍然能保持原性質的最小單元。英文的atom借用自希臘文的atomos，意思是「不可分割的」。過去大家認為，如果你不斷分割一樣東西，讓它越來越小，最後你會得到的最小單元是原子。然而我們現在知道，這種想法不正確。雖然原子非常微小，但它是由更微小的中子、質子、電子所組成的。

元素（element）：不能用一般的化學方法分解成更簡單的物質，常見的元素例子有氫、碳、氧、金、銀。

電子（electron）：組成原子的三種粒子之一，電子是唯一不在原子核內的。電子繞著原子核轉，如同一團雲霧籠罩在外面，情況就類似一群飛蛾繞著走廊下的燈光打轉那樣。每一個電子都帶著一個負電荷。

中子（neutron）：組成原子的三種粒子當中，中子是唯一不帶電荷的電中性粒子。中子出現於原子核之中，與質子一起構成某種元素的原子量（原子的質量）。

質子（proton）：組成原子的三種粒子中最後一種。質子與中子一起出現於原子核裡。一個質子帶有一個正電荷，通常會與同一原子中一個電子的負電荷抵消。一種元素的質子數量，就是這種元素在週期表中的原子序。

β 衰變（beta decay）：原子核裡的一個中子或質子「衰變」（也就是分裂）。

微中子（neutrino）：在 β 衰變時，微中子會從原子裡釋放出來，但微中子不只存在於原子裡面，而是到處都有。微中子不帶電荷，和中子一樣是電中性的粒子，而且微中子幾乎沒有質量。微中子的英文名稱 neutrino 來自義大利文，意思是「微小的中子」，因為它們就像非常渺小的中子。微中子能以接近光速的速率行進，除了光子以外，沒有其他東西可以行進得那麼快。

正電子（positron）：是電子的反粒子，有點像是電子的雙胞胎手足。

假說（hypothesis）：在科學上，「假說」是經過一連串計算與邏輯推理而思考出來、尚未經過證實的想法。接著，通常會有屬於不同團隊的幾位科學家進行一系列實驗，全面且仔細的檢驗假說，直到所有結果似乎都支持這種想法，那麼假說才會變成可信的科學理論。

宇稱性（parity）：用來表示一個系統的對稱程度。物理學家討論宇稱性的時候，他們會說「宇稱守恆」或「宇稱不守恆」。當某個東西和它的鏡像對外界的影響有相同反應或回應時，就稱為「宇稱守恆」，反之則稱為「宇稱不守恆」。

參考資料

江才健。《吳健雄：物理科學的第一夫人》。臺北市：時報文化。1996。

Grinstein, Louise S., Rose K. Rose, and Miriam H. Rafailovich, eds. *Women in Chemistry and Physics*. Connecticut: Greenwood Press. 1993. pp. 618-625.

Lubkin, Gloria. "Chien-Shiung Wu, the First Lady of Physics Research." *Smithsonian*, Jan. 1971, pp. 52-57.

McGrayne, Sharon Bertsch. *Nobel Women in Science: Their Lives, Struggles, and Momentous Discoveries*. New Jersey: Carol Publication Group. A Birch Lane Press Book. 1993. pp. 255-279.

Stille, Darlene R. *Extraordinary Women Scientists*. Chicago: Childre's Press. 1995. pp. 188-191.

教案由此去▼

・國民教育輔導團性別平等教育輔導小組　專家推薦與教案設計